By Queenie Activitys

この本は彼のものです。

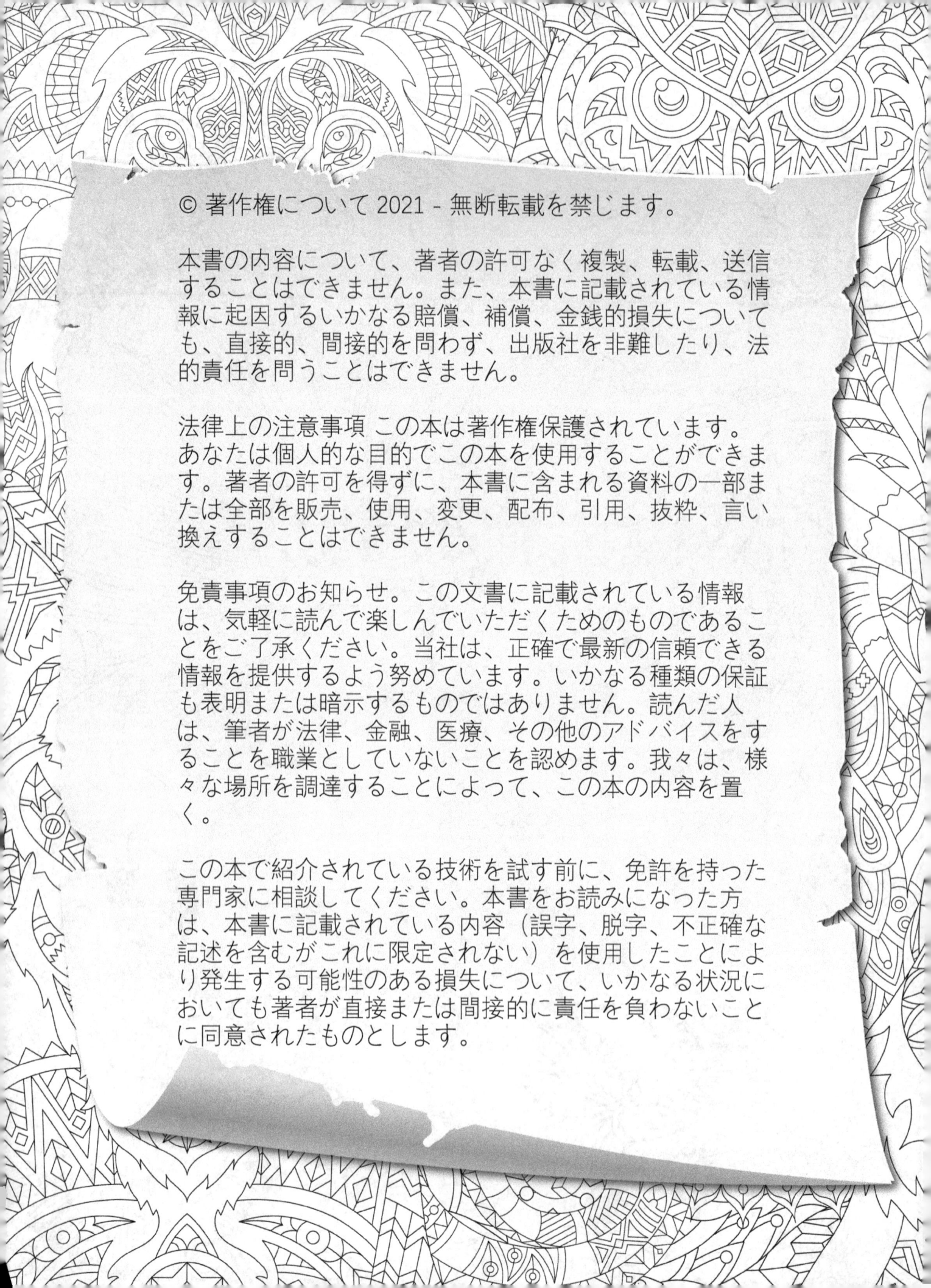

このページは意図的に空白にしてあります。ジャングルの動物の絵を描く前に、これらのページでさまざまなジャングルの動物のイメージを想像してみてください。

これらのページを使って、あなた自身のジャングルをスケッチしたり、アイデアを書き留めたり、あなたの創造性を発揮してください。

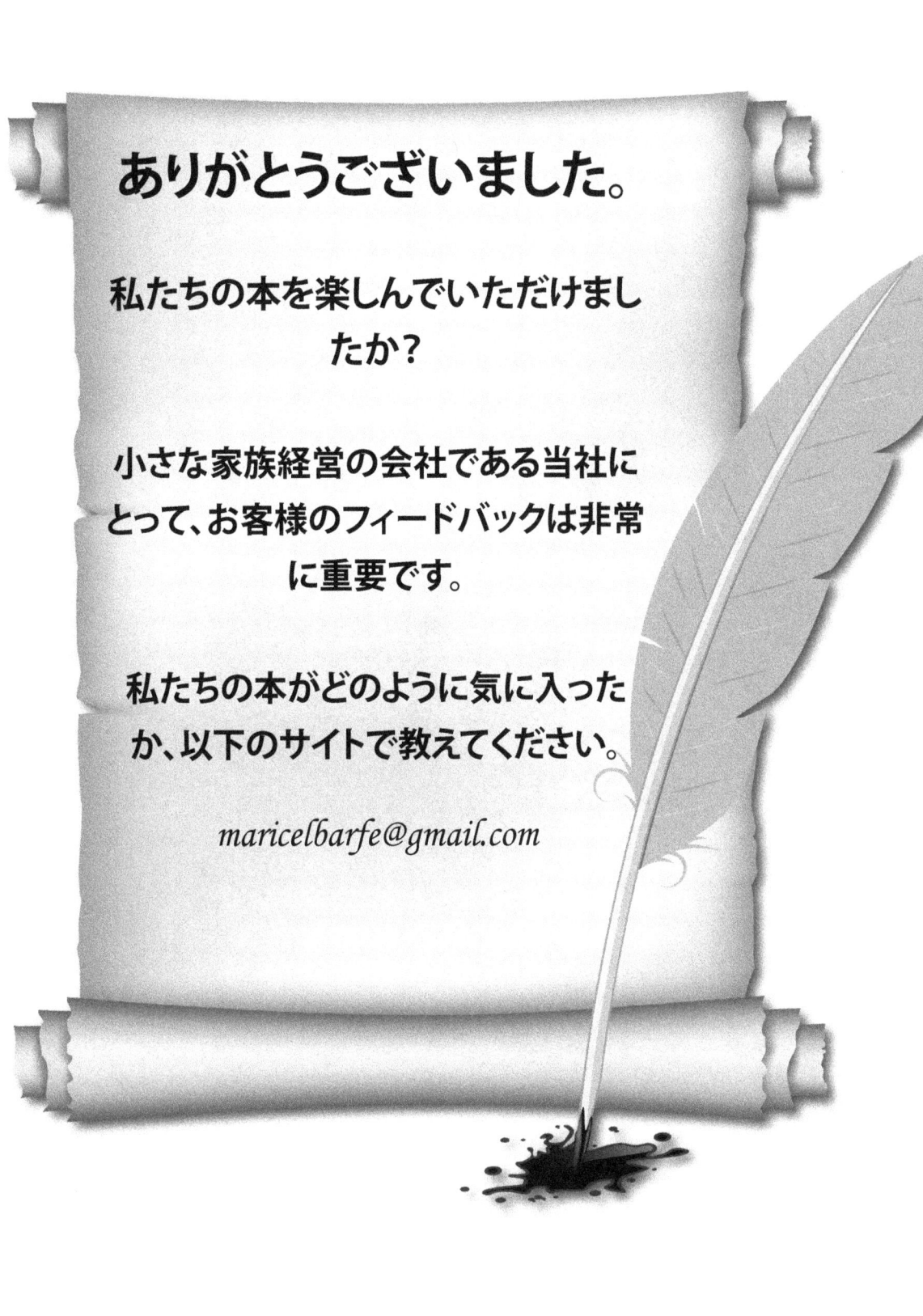

ありがとうございました。

私たちの本を楽しんでいただけましたか？

小さな家族経営の会社である当社にとって、お客様のフィードバックは非常に重要です。

私たちの本がどのように気に入ったか、以下のサイトで教えてください。

maricelbarfe@gmail.com

CPSIA information can be obtained
at www.ICGtesting.com
Printed in the USA
BVHW060622190521
607638BV00011B/1601